AF602404

(328e)

CATALOGUE

ESTAMPES

ANCIENNES ET MODERNES

De diverses écoles

VIGNETTES, VUES, LITHOGRAPHIES

AUTOGRAPHES

PORTRAITS, DESSINS

Dont la vente aura lieu

HOTEL DES COMMISSAIRES-PRISEURS

RUE DROUOT, 5, SALLE N° 7

AU PREMIER ÉTAGE

Le Mardi 28 Octobre 1873

A UNE HEURE PRÉCISE

Me **DELBERGUE-CORMONT**, Commissaire-Priseur,
rue de Provence, 8,
Assisté de **M. VIGNÈRES,** marchand d'Estampes,
rue de la Monnaie, 21 (ancien 13), à l'entre-sol,
CHEZ LEQUEL SE DISTRIBUE LE CATALOGUE.

PARIS — 1873

				36 %			
Déduit au 1er Cte Fév. 1874	Grosjean Maupin	1139	50	410	22	729	25
payé	Hourlier .	46	50	16	75	29	75
payé	Sudre .	18	..	6	48	11	50
	NN .	13	..	4	68	8	30
17 Juin 1874	Picot avec 344e.	8	50	3	06	5	40
payé	Marry .	6	..	2	16	4	~~85~~
11 Juin 1874.	Avenin avec 335e.	4	50	1	62	2	90
payé	Springer reçu a 336e .	4	50	1	62	2	90
10 Juin 1874	Cattier Dufal avec 342e .	4	..	1	44	2	55
20 Avril 1880	Soleirol. Voir 411e	4	..	1	44	2	55
payé	Descartes .	3	..	1	08	1	90
		1251	50	450	55	800	85

Chaluyes 5

<u>Lieu</u>

Deschamps 3

Deschamp 2 50

Millot 21

328e

CATALOGUE

ESTAMPES ANCIENNES ET MODERNES

DIVERSES ÉCOLES

Vignettes, Vues, Autographes

1 **Alberti**. Hermaphrodite. — Vénus couchée, 2 lithog. In-fol. chine, avant la lettre.

2 **Animaux** de Flamen, Laer, etc. 20 p.

3 **Aqua-fortistes**. Sujets de Jeanne d'Arc et autres. 36 p.

4 **Architecture**. Détails, Coupes, Plans, 80 p.

5 — Monuments, Ornements, etc. 54 p.

6 — Ornements de Babel, Lajoue, Copies de la grille de Lamour, etc. 25 p.

7 — Fermes modèles, par Roux — L'Art du Vermicellier — Notice et Portrait de M. J. F. Belu, 3 vol. in-fol.

8 **Artiste** (L'). Pièces gravées, dont 8 titres. 49 p.

9 — Pièces lithographiées, 60 p.

10 **Atlas** de Lesage, in-fol., pour la géographie de Guthrie, in-fol. et autre, 3 vol.

11 — De la généralité de Paris — Plan général en 35 feuilles, par Deharme, 1766; 2 vol. in-4 — Géographe parisien, 1769; 2 vol. in-8. — Plans de Paris, 1772 — 1810 — 1828 — environ 1822 — Londres, 1831. En tout, 4 vol. et 5 plans.

12 **Bellangé.** Sujets militaires, Costumes, etc. 43 p.

13 **Bois anciens**, Lettres ornées, Frises, Fleurons, marques d'imprimeurs. Volume contenant environ 350 pièces.

14 — Sujets de l'ancien et nouveau Testament, 150 p.

15 — Sujets divers, Frises, etc.. 420 p.

16 **Bois modernes.** D'ap. Bodmer, Gustave Doré et autres, 75 p.

17 — Sujets divers, Vignettes, etc., 130 p.

18 **Bonington.** La Prière, lithog. originale, l'Antiquaire et autres manière noire, avant et avec la lettre. Vues de Rouen, noir et couleur, 4 Fish market, etc., 22 p.

19 **Boucher** (D'ap.). Compositions in-4 pour le roman d'Acajou et Zirphile, 10 p. Superbes ép. toute marge.

20 **Bourdon** (Séb.). Sainte Famille, 25 p.

21 **Braquemont.** Un Soir, Sarcelles, l'Hiver, 4 p. à l'eau-forte.

22 **Brebiette.** Martyre d'un Saint — le Paradis, 2 p. à l'eau-forte.

23 **Callot.** La Passion, les Apôtres, la Noblesse, Mendiants, tour de Nesle, Martyres, Fantaisies, Pantalons, Foire de Florence, etc., 380 p. 3 lots.

Rey 15 Delaunay 15

Lebouche 15 Oliv. 7.

Deschamps 6

Ind

Find

[illegible]
Ledard 11

Maurel 15 Deschamps 2.
Ind

Lebouche 3

Lind

Gdard 15

Lind

Olivier 10

Lebouche 6 Lind

24 **Canta Gallina**. Fêtes en Toscane, 6 p.

25 **Caraglio**. Les dieux dans des niches, 12 p.

26 **Caricatures**. Contrastes, 35 pièces, dont 15 dessins, aquarelles.

27 — Du Charivari, Cham, 47. Daumier, 37. Beaumont, Vernier, etc., 39. En tout, 123 p.

28 — Paris bloqué. Paris incendié, et autres, 62 p.

29 — Tirées du journal la Caricature et autres, anciennes et modernes, 42 p.

30 **Champin**. Album portatif de l'Italie, 32 p. lithog.

31 **Charlet**. Sujets militaires et autres de différents albums, 170 p.; quelques doubles et pièces d'après lui.

32 — De la suite de dessins à la plume et autres. Réjouissances publiques, etc., 30 p.

33 **Chromolithog**. Saint Ferdinand, vitrail de la chapelle. Superbe ép.

34 — Tombeau du duc Ferdinand d'Orléans — Intérieur de la chapelle, 2 lithog. in-fol.

35 **Claessens**, d'après les tableaux des maîtres flamands, 8 p. Superbes, avant la lettre, chine.

36 **Costumes** militaires et autres, français et étrangers, coloriés, 70 p.

37 — Des divers ordres religieux, moines et religieuses de divers pays, 228 p. in-4.

38 — De Bonnart, Bosse, etc., 12 p.

39 **Decamps** (D'ap.). Joseph vendu par ses frères — l'ermite Copmanhurst et le Chevalier, d'ap. Delacroix, 2 p. in-fol.

40 **Delacroix** (E.). Femmes d'Alger, Arabes, Forgerons, 3 eaux-fortes originales.

41 **Deroy**. Vues de Suisse, in-4, 30 p.

42 — Vues de Piémont, Savoie, in-4, 30 p.

43 **Descourtis**. Paul et Virginie égarés — Mort de Virginie, 2 p. in fol. en couleur.

44 **Deveria**. Sujets lithographiés. 38 p.

45 **Dujardin**. Animaux à l'eau-forte, 30 p.

46 **Duplessis-Bertaux**. Sujets divers, 64 p.

47 **Dupont** (Henriquel). Cromwell, d'ap. Delaroche, in-fol. Sup. ép., piquée d'humidité.

48 **Eaux-fortes** italiennes, Guide et autres, 20 p.

49 **École flamande**. Reproduction des animaux, à l'eau-forte, d'ap. P. Potter, Stoop, etc. 46 p. Grandes marges, papier moderne.

50 — D'ap. Rubens, Téniers, etc. 38 p.

51 — Sadeler, d'ap. M. de Vos, etc. 55 p.

52 **École de Fontainebleau**. Jeux d'Amours et autres, 4 p.

53 **École française**. Sujets divers, 80 p., 2 lots.

54 **École italienne**. Sujets divers, 47 p.

55 **École** de Marc-Antoine, Maître au Dé, et autres, 9 p.

56 **École moderne**. Manière noire, etc. 46 p.

57 **Études**. Principes de dessins et têtes, 20 p.

58 **Fac-Simile** de dessins, d'ap. Raphaël, Parmesan, Michel-Ange, etc., 50 p.

59 — D'après les maîtres italiens, 72 p.

60 **Flameng**. Sauvée!!! Bouge: au milieu une jeune fiille à la vision rayonnante du Christ. Belle eau-forte. Très-grand in-fol.

Lind Leboucher 7. [illegible]

Leboucher 12

Lind

Lind

Verneuil 10. Lind
Verne 10.

Lind [illegible]
Lind

x

Leboucher 15 Dechau 3.50

Leboucher 20 Dechau 4.50

Rot. 10 Ledard 10 Verneuil 5

Lebouteux 3

Lemaignen 8

Lebouteux 11 Lied

si belles

Lebouteux 17. Sensier 12 Lied

Lied

Lied Rovinski

Verneuil 5

61 **Fragonard.** Sujets d'après les grands maîtres. 9 eaux-fortes originales.

62 — (D'après). La bonne Mère, en couleur.

63 **Fries.** Paroles de l'âme et autres, par Varin. 10 p.

64 **Fuhrich.** La Passion, 14, et autres sujets religieux, Saints, etc., d'ap. Overbeeck, etc. En tout, 47 p.

65 **Gelée** (Claude-Lorrain). La Tempête (R. D. 5), de la collection Robert-Duménil. Grande marge.

66 — R. D. 1. 5. 7. 12. 27. — 5 pièces.

67 **Géricault.** Le mont Saint-Bernard, petits Chevaux, etc. 10 p.

68 **Goltzius.** Le Soleil. Figures dans des niches et autres. 7 p.

69 **Goya.** Tauromaquia, nos 2, 11, 12, 29. 4 p. Toute marge.

70 — Los Proverbios, cahier de 18 p. Madrid, 1824.

71 **Granville.** Pièces tirées de la caricature, fac-simile d'un croquis lorsqu'il était enfant. 47 ép. Bois d'après lui. En tout 170 p.

72 **Heemskerke** (D'ap.). Sujets religieux. 24 p.

73 **Huet** (D'ap.). Prieuré de Croissy, Sceaux, Liancourt, etc. 5 p.

74 **Jacquand** (D'ap.). Saint Louis portant la couronne d'épines, Vitrail de Dreux. Superbe chromo. In-fol.

75 **Jacques** (Léon). Paysages rustiques. 5 eaux-fortes.

76 **Janinet**. Vues de Paris en rond, en couleur. 13 p.

77 **Jazet**. Départ du bivouac, Cosaques. Grand in-fol.

78 — Réception du duc d'Enghien aux Champs-Elysées. Grand in-fol. Avant la lettre.

79 — Charles X en manteau. — Le Hussard en semestre. — Duchesse de Berry, par Caron. 3 p. Grand in-fol.

80 **Jazet** (Ch.). Le Départ, le Retour, d'ap. Bellangé. Superbes ép. avant la lettre, toute marge, et une avec la lettre, 3 p. in-4.

81 **Labelle**. Le Reposoir, vue de Toul, Marines, etc. 25 p.

82 — Têtes, Études, Croquis. 34 p.

83 — Sujets d'Animaux, 51 p.

84 **Lamour**. Ornements de serrurerie, Grille de la place de Nancy. Vol. in-fol. contenant 19 planches. État malade.

85 **Leclerc** (Séb.). Entrée d'Alexandre, Apothéose d'Isis, Costumes, etc. 170 p.

86 **Lithographies**. Titien, d'ap. Robert Fleury et autres, d'ap. Jacquand, avant la lettre, etc. 42 p. in-fol.

87 — Paysages, Vues moyen âge, etc., 72 p.

88 — Sujets divers, Titres de musique, etc. 156 p.

89 — Fables de La Fontaine, par Carle, Horace Vernet et Hip. Lecomte. 78 p. lithog.

90 — Chasses anciennes. 13 p., par Ch. Aubry, in-folio. Superbe.

Leboucher 7

Delaunay 10

Leboucher 5 Lind Vernet 10

Rostan 10. Pietrbo 8 — 6 — Ma

d

Rousseau 2

Rousseau 3 d

x

par madame
Lind [illegible]
Lind

91 **Lucas de Leyde.** Samson et Dalila. — La Foy, Ecce Homo. Copie et autres. 11 p. par et et d'après.

92 **Marvy** (Louis). Album des promenades à Hyères (Var). 12 p. Eaux-fortes in-8.

93 **Masson**. Martyre de saint Barthélemy, d'ap. Ribera. Grand in-fol. Superbe ép.

94 **Meryon** (1866). Vue de l'ancien Louvre du côté de la Seine, d'ap. Zeeman.

95 **Meryon** (C.). La Pompe Notre-Dame. Belle eau-forte; monument démoli aujourd'hui.

96 **Meulen.** Le Roi à la chasse au cerf, et autres. 5 p. in-fol.

97 **Michel-Ange** (D'ap.). Petites Figures de la chapelle Sixtine. 26 p.

98 **Morel-Fatio.** Études de Marines positives 34 p.

99 **Norblin**. Ses deux Portraits et autres eaux-fortes. 20 p.

100 **Numa**. Costumes de la monarchie française, coloriés. 25 p.

101 **Ostade**. Eaux-fortes. 12 p. par et d'après.

102 **Paysages** de Boissieu, Guaspre, Morin, Perelle, etc. 150 p.

103 **Pfitzer**. Le Jour de loyer, d'ap. Wilkie. Eau-forte pure, grand in-fol., pour la gravure de Raimbach.

104 **Photographies**. Fac-Simile de Braun, Pièces tirées du Centaure, Vues des ruines de la guerre, Portraits, Reproduction de tableaux. 82 p.

105 **Photographies**. Angélique, d'ap. Ingres. In-fol.

106 — Têtes de Vierge, de Christ, etc. 8 p.

107 **Picart** (B.). Le Lutrin. 6 p. in-4. Superbes.

108 **Pièces historiques**. Cortége pour les funérailles du duc de Lorraine, Tableau des Français, 20 juin 1792. Mort du maréchal Ney, etc. 62 p.

109 — Batailles, Repas de corps (rare), Mort de Napoléon, Vues de Sainte-Hélène, les Cendres. cérémonies, etc. 34 p.

110 **Poussin** (D'ap.). Testament d'Eudamidas et autres. 6 p.

111 **Prud'hon**. Enlèvement d'Europe. Eau-forte originale.

112 — (D'après). Vignettes pour J.-J. Rousseau (Héloïse). 4 p. in-8.

113 — pour Gentil-Bernard, En jouir, avant la lettre, Daphnis allaité par une chèvre, l'Enflammer. 3 p. in-4. Très-belles.

114 — L'Amour séduit l'Innocence, le Plaisir entraîne, le Repentir suit. Superbe ép. in-fol., par Roger.

115 — La Volupte, lithogr. par Aubry Lecomte. Superbe ép. sur chine.

116 **Raffet**. Costumes militaires, les Aigles, coloriés; Histoire de Jean-Jean, et autres du premier temps, etc. 32 p.

117 — Voyages en Crimée, Russie, Prise d'Anvers. 21 p. in-fol.

118 **Raphaël** (D'ap.). Sainte Famille, etc. 24 p.

Nourel 10 Leboucher 12 Deschamps 2. St Jenis 10

~~[illegible]~~

[illegible] Deschamps 1.50.

Verneuil 2.

Vimeux 2. Leboucher 12

Leboucher 7

Roussin 9

Leboucher 17

Lieu

Lire

Ledard 4

Lire
Lire
Lire

V[illegible] 6

Raynal 15

Lire

119 **Rembrandt**. Annonce aux bergers, la Nativité, Abraham, France, et autres. 22 p. par et d'après.

120 **Silvestre**. Vues de Paris et autres. 17 p.

121 **Soleirol**. Molière et sa troupe. Très-beau vol. grand in-8, orné de 5 portraits inédits, broché.

122 **Sudre**. La chapelle Sixtine, d'ap. Ingres. Lith. très-grand in-fol., avant la lettre.

123 — La même, avec la lettre, sur chine.

124 — Tête d'odalisque, d'ap. Ingres, grandeur naturelle. Sur chine, avant la lettre. Superbe.

125 — Roger et Angélique, d'ap. Ingres. Sur chine, titre en lettres anglaises. Superbe ép.

126 — Angélique. — Œdipe. 2 p., avant la lettre, sur chine. Superbes ép.

127 — Deux Baigneuses, d'ap. Rioult. Ép. sur chine, in fol.

128 **Sujets religieux** anciens et modernes. 50 p.

129 — anglais, et anciens divers. 190 p.

130 — Petits Sujets, Saints, etc. 176 p.

131 **Thierry** (E.). Vues de Nancy, détails, monuments, etc. 35 p. à l'eau-forte.

132 **Watteau** (D'ap.). Sujets divers, par Marck. 24 p.

133 **Velde** (J. van de). Paysages, les Éléments, les Mois, etc. 33 p.

134 **Vernet** (Carle). Chasse au daim, à Verrières; Curée à la Malmaison, et autre. 3 p. gr. in-fol.

135 — et Horace Vernet. Sujets militaires et autres. 24 p.

136 **Wille**. Tante de Gérard Dow. — Les Soins maternels. 2 p.

137 **Vignettes**. La sainte Bible, de Furne. 32 p.

138 — pour Béranger, de Grandville, Monnier et autres. 45 p.

139 — Boileau, d'ap. Desenne. 7 p. Superbes.

140 — Cervantes, don Quichotte. 6 p. sur chine.

141 — F. Cooper, d'ap. Johannot. 60 p.

142 — La fleur des Fabliaux. 19 p. coloriées.

143 — Florian, don Quichotte, etc. 68 p.

144 — Fables de La Fontaine. In-12 180 p.

145 — de Cochin, Choffart, Eisen, etc. 43 p.

146 — Histoire de Napoléon, d'ap. Raffet et autres. 62 p.

147 — d'ap. Johannot, pour Millevoie, 3; Cooper, 17; Delille, 23. En tout 53 p.

148 — Moreau, la Henriade. In-4. 8 p.

149 — Voltaire, d'ap. Desenne. 57 p.

150 — Walter Scott, Vignettes et Cartes. 164 p.

151 — anciennes diverses. 125 p.

152 — modernes diverses. 200 p. 2 lots.

153 **Vues** de Paris, anciennes et modernes. 86 p.

154 **Vues** de Lorraine : Plan de Nancy, de Mique, en 16 morceaux; Médailles, Tombeaux, Églises, Monuments, Place Drouot, Plans, etc. 120 p.

155 Vues de la Terre-Sainte, Jérusalem et ses églises. 48 p.

156 Sujets divers de tous genres. 256 p. 2 lots.

157 **Histoire** naturelle : animaux, oiseaux, fleurs, Procédés de chasse, pêche, etc. 127 p.

158 **Bestiaux** des concours régionaux. 1845 à 1859. 590 p. lithogr.

Lemaignen 8
Deschamps 2 50

Deschamps 1.50 Sink.

Deschamps 4.50 Bishop 3.

Deschamps 2

Nansel 10 Leboucher 17 Deschamps 3

Deschamps 3 50

Bischop 3 ?
Deschamps 4.

×

Drehung 3

Drehung 7. 50

Pic

159 Journal d'agriculture colorié : poules et autres animaux. 96 p.

160 Animaux, Chasses, etc. 10 p.

161 Histoire de la mythologie. 90 feuilles à 12 sujets.

162 Médailles de l'histoire des Pays-Bas. 105 p.

163 Sujets au trait, Galerie de Versailles, Musée 152 p.

164 Univers pittoresque. Vues, etc. 565 p.

165 Voyage des frères de Bachevile. — Voyage en Suisse, 2 vol. — Voyage d'Espagne, — et autres. 7 vol.

166 L'Illustration. — Iconographie romaine, de Visconti, 2 vol.

167 Volume contenant 135 pièces diverses.

168 **Autographes** signés Dudon, Duroc duc de Frioul, Lacoste, Lacretelle, Lebrun, etc. Papiers divers sur le duché de Frioul, un fort lot, avec entêtes de lettres et cachets de cire de la République.

PORTRAITS

169 **Charpentier**. (D'ap.). Georges Sand, par Desmadryl et par Robinson. 2 p. sur chine.

170 **Desrochers**. Odieuvre. 24 portraits.

171 **Dyck** (Van). Jean Breughel — et Fréd. Henri de Nassau, par Waumans. 2 p. par et d'après.

172 **Edelinck**. Baillet, Gherardi, Rouillé, Savary. 4 p.

173 **Ficquet**. Eisen, Balue, Bernouilli, Pucelle et Buffon, par Savart. 5 p.

174 **Godefroy**, 1810. Marie-Louise en pied, à Saint-Cloud. Grand in-fol. avant la lettre. Marge.

175 **Leu**. **J.** de Bourbon, comte d'Enghien.

176 **Lithographies**. Portraits des douze Membres du Gouvernement provisoire, 1848; Henry. 5 p. in-fol.

177 **Longhi**. Portrait d'homme tenant un livre. Superbe ép. Toute marge.

178 **Muller**. Marquis de Dreux-Brézé. Grand in-fol., d'ap. P. Guérin.

179 **Pannier**. Racine, d'ap. Edelinck, in-8, dans un entourage. Superbe ép. sur chine. Grand papier.

180 **Reynolds**. Mme Grassini à mi-corps, in-fol. d'ap. Mme Le Brun. Marge.

181 **Walker**. Sir Walter Scott, in-fol. Superbe. Toute marge.

182 Portraits au trait. Biog. des contemporains 130 p.

183 — et Costumes militaires, photog. 87 p.

184 — Hommes utiles. 184 p.

185 — Par Ficquet, Nanteuil, Desrochers, Odieuvre, etc. 90 p.

186 — Princes et Princesses de Lorraine. 34 p.

Lied

Rousseau 7.

Rovinski Bishop 5

Deschamps 3.

Deschamps 4.
Lemaigre 20

Meaume 8.

Duchamp 2 Restän 25

187 — Diverses célébrités, anciennes et modernes, de l'in-12 à l'in-fol. Sera divisé. 61

8 gdes pièces 3 10

12 7

DESSINS

188 ANONYME. Vue de Charentonneau, près Paris — Fossé de Vincennes, Tombeau du duc d'Enghien. 2 dessins. 1

189 — René d'Anjou duc de Lorraine. Ici sont ceux qui ont fait le Psautier. Beau dessin à l'aquarelle. 10

190 — Sujets religieux, avec entourages découpés comme de la dentelle, 2 p. — Morceaux de manuscrit sur vélin, 24 en tout. 26 p. 4

191 DAVID (Jules). Saint Ignace à genoux. — Une Quêteuse. 2 dessins au bistre pour vignettes cintrées. Grand in-8. 1.50

192 DENIAU (L.). Siége de Paris, Souvenirs d'Arcueil, Colombes, Créteil. 4 aquarelles. 3.50

193 — Scènes maritales, Ballerines, Costumes du Siége de Paris, croquis divers. 21 p. 5.50

194 C. H. Les petits métiers du jour de l'an, et autres dessins au crayon noir. 20 p. 3.50

195 DUBUISSON. Scène du Déluge, bistre. — La Peinture, Paris et Hélène. 3 dessins lavés. 2

196 **FONTALARD** (Gérard) 1830. Orgie dans la chambre à coucher de la duchesse d'Angoulême, par les zhéros de Juillet. Aquarelle.

197 **GIRODET.** Fragment : Deux Têtes au crayon et la lithographie, par Albrier.

198 **GRANDVILLE.** Croquis, plume et crayon. 6 p.

199 **HACKERT** (P.) 1797. Paysage ovale en hauteur. Sépia. Grand in-fol.

200 **KOBELL** (F.). Paysage au bistre.

201 **L. D.** Contes de La Fontaine. Dessins à la plume, in-8 sur marge, grand in-8. Compositions inédites. 84 p. pouvant orner une édition.

202 **LAFON.** Cadeau de noces. — Retour de chasse, par Martin. 2 charmantes aquarelles, in-fol.

203 **MALLEBRUN.** Murat en pied d'ap. Gérard, mine de plomb originale pour la gravure de la galerie de Versailles.

204 **MOREAU.** Episode de la Révolution : on transporte un cadavre que l'on couronne, vignette in-12, à l'encre de chine.

205 **NEMO.** Costumes de soldats prussiens. 8 aquarelles.

206 **OSTADE,** 1646. Baraque, crayon et lavis.

207 **OUDRY.** Chevreuil mort. — Animal carnassier, 2 dessins.

208 **PALMA** Junior. Madeleine au désert. Aquarelle.

209 **REDON** (De) 1837. Tente arabe. Aquarelle.

210 **RICCI.** Paysages à la plume et par autres, 4 p.

211 **ROBERT.** Charges excentriques, pour déguisement. 2 aquarelles, d'une main très-habile.

Herbig 10

[illegible] 15

Herbig 30

Chiron C. Herbig 105 Leboucher 72 Deschamp 10.50

Herbig 6

Herbig 12

Deschamp 1.

Herbig 10 Deschamp 1.

Dercham 2 50

Dercham 3
Dercham 6

Dercham 3

Dercham 1 50

Dercham [illegible]

Dercham 3

212 **Divers**, Caricatures, Oiseaux, Fleurs, Ornements, etc ; la plupart aquarelles, 46 p.

213 **École allemande**. Vénus et l'Amour, et 2 autres dessins à la plume. 3 p.

214 **Ecole flamande**. Sujets et Paysages, 20 p.

215 **Ecole française**, des XVIIe et XVIIIe siècle. 40 p.

216 **Ecole italienne**. Sujets religieux, etc., 20. p.

217 **Divers**. Sujets religieux. 19 p.

218 — Sujets gracieux. 10 p.

219 — Paysages diverses Écoles. 30 p.

220 — Armoirie, Sujets divers, 30 p.

221 — Croquis de toutes espèces d'après les maîtres antiques, etc. 350 p.

222 — Études, Académies, Portraits. 80 p.

Vve Renou, Maulde et Cock, imprs de la Cie des Commissaires-Priseurs, rue de Rivoli, 144. 36339

69	Etranger	5	20
361	France à 6	21	66
130	Paris à 6	7	80
200	Lasquien	10	
4	Mains de chem...	6	
	Honoraires 10 %	125	15
		175	81
	Affiches 75 petites et affichage	29	10
	Insertions au Moniteur des Ventes	9	60
	Déclaration de Vente	2	20
	Timbre du Procès verbal	3	60
	Enregistrement	33	85
	Versement en bourse com^e	39	60
	Honoraires du Com. Priseur	39	60
	Clerc et Crieur	12	..
	Location de la Salle, Entrée	24	75
	Impression du Catalogue 800.	120	..
	Transport à l'hotel	6	..
	Commissionnaire	5	10
	Supplement de travail	10	..
		511	20
	Deduire 5 % des acquereurs	62	60
		448	60

1251.50
448.60
802.90

53

www.ingramcontent.com/pod-product-compliance
Ingram Content Group UK Ltd.
Pitfield, Milton Keynes, MK11 3LW, UK
UKHW020506180726
13839UKWH00004B/1939

9 782329 524962